UNE VILLE NOMMÉE
SUN-DOG

-------------------------- SUIVI DE --------------------------

BLUES POUR ALLIGATORS

Données de catalogage avant publication (Canada)

Gowett, Larry

   Une ville nommée Sun-Dog

   Poèmes.

   ISBN   2-89089-655-2

   I. Titre.

PS8563.0883V54 1994   C841'.54   C94-940950-2
PS9563.0883V54 1994
PQ3919.2.G68V54 1994

LES ÉDITIONS QUEBECOR INC.
7, chemin Bates
Bureau 100
Outremont (Québec)
H2V 1A6
Téléphone: (514) 270-1746

Copyright © 1994, Les Éditions Quebecor
Dépôt légal, 3e trimestre 1994

Bibliothèque nationale du Québec
Bibliothèque nationale du Canada
ISBN: 2-89089-655-2

Éditeur: Jacques Simard
Coordonnatrice à la production: Dianne Rioux
Conception de la page couverture: Bernard Langlois
Correction d'épreuves: Hélène Léveillé
Infographie: Composition Monika, Québec
Impression: Imprimerie L'Éclaireur

UNE VILLE NOMMÉE
SUN-DOG

------------------------ SUIVI DE ------------------------
BLUES POUR ALLIGATORS

LARRY GOWETT

Les Éditions Quebecor

À Marguerite Péloquin
Et Lyman Gowett,

Pour leur ouverture
De cœur et d'esprit.

NOTICE

Homme de lettres ou homme de loi? Peut-être les deux, car Larry Gowett, professeur à ses débuts de carrière, est maître ès arts et notaire. Sorel, Jonquière et toutes les autres, il sillonne, en écrivant, les villes dont il tombe amoureux, peut-être la vôtre.

AVERTISSEMENT

Homme de lettres ou homme de loi? Peut-être les deux, car la littérature et la loi ont en commun un code qui a toujours passionné l'auteur. Il aime le poète et puis, d'une façon générale, l'écrivain pour le plaisir textuel que ceux-ci lui procurent, et il les admire dans leurs efforts pour faire œuvre belle.

Dans la perspective esthétique de notre société moderne, un poème est un produit de consommation destiné à séduire le lecteur. Si l'on aborde un tant soit peu la théorie des niveaux de Benveniste, on réalise rapidement qu'un poème n'a rien d'un extraterrestre ou de sibyllin dont certains cuistres essaient d'entourer la poésie. Un poème, sur le plan fonctionnel, est effectivement dans ses structures un produit littéraire laissé à l'appréciation des intéressés. Pour l'auteur il est un joyau. Au niveau actantiel, il peut fourmiller de mille et un personnages, auquel cas il peut aussi devenir une comédie ou une tragédie humaine. Quelques-uns de nos cours d'eau (v. hors-texte, p. 53) y servent d'actants. Sur le plan narratif, un poème obéit à une vaste combinatoire de tropes et figures de style. Dans cette optique le poète est un acrobate.

Le présent recueil est un récit poétique sur la ville, la baie James et ses tributaires qui ont toujours fasciné l'auteur avec autant de force que les charmes d'une femme, mais avec tous les attraits et les pièges que ces derniers peuvent comporter.

Dépourvue des rouflaquettes de la marquise de Pompadour, **Une ville nommée Sun-Dog** suivi de **Blues pour alligators**, dans son style sobre et adapté à la modernité de l'écriture qui ne peut être ni innocente ni neutre, ne cherche pas à faire verser les pleurs de crocodile des puissants et possédants de ce monde mais, dans son infraction à plusieurs ordres du statu quo, à inviter au questionnement sur un nouvel ordre, ne fût-ce qu'une parcelle du mieux-être qu'il peut receler.

À l'encre carbonique

3 000 ANS APRÈS

Version moderne
De l'Odyssée d'Homère
La pluie panthère
Évadée des marées noires
Déversées par les Titanics
A tendu ses muscles hydrauliques
Et de ses griffes sulfuriques
A scarifié le rouge à lèvres
Des feuilles d'érables amoureux
Coloriées par Alice au pays
Des merveilles amérindiennes

Inéluctable chagrin d'amour
Entre Roméo Pétro et Juliette Nature
Atteinte par accident
D'un virus d'hydrocarbures
Transmis dans ses cellules végétales

French cancan sadique
Les feuilles malades qui font
Frou-frou sur le visage moribond
Du Lac Huron sont
Autant de baisers euthanasiques
À un pauvre sidatique

CIEL DE SOULIERS

Un ciel de souliers
Surplombe au

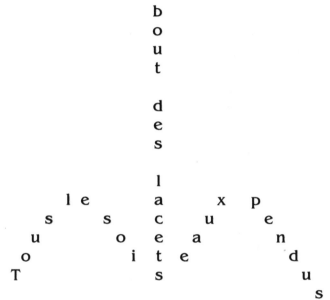

```
                     b
                     o
                     u
                     t

                     d
                     e
                     s

                     l
        l  e         a        x    p
      s        s     c        u         e
    u             o  e     a          n
    o               i  t  e              d
  T                    s                  u
                                            s
```

Image renversée d'un centre-ville

Ciel de souliers noirs
Ciel de souliers à talons hauts
Hommes et femmes sont bien rangés
Dans des boîtes à chaussures

Lampes témoins des oiseaux morts
Pour en sauver les apparences
Des chouettes aux yeux de néon
Juchées sur des branches de fer
Trouent la nuit éternelle des locataires

Aux matinées bleues des doux avrils
Si vous rêvez d'un ciel d'oiseaux
Et qu'ennui vous prend des hirondelles
Sonnez et entrez au rez-de-chaussée

On vous vendra des oiseaux empaillés

MARILYN EN PAPIER

Technique iconoclaste
Ayant mutilé

L'image homérique
De l'aurore aux doigts de rose

L'apprenti sorcier
A foré

Le candélabre végétal
Du Vieux Montréal

Chirurgie plastique
Des peupliers centenaires

Où le progrès dentiste
A transformé

La grande allée
De nos percherons

En boutiques de verre
Coloré de rouge à lèvres

Vitrines molaires
Rue Ste-Catherine

Où marchands d'ersatzs
Collent une affiche fluo

Du sourire en papier
De Marilyn Monroe

LES POUMONS DE L'ÉCONOMIE

Sur la colline parlementaire
Derechef trône le veau d'or

Sous la flûte magique
Des élus ensorceleurs
S'élèvent les tuyaux à gaz
Serpents à sonnettes crachant
Dans le cendrier du ciel

Les pluies macérées
Dans les flacons nuageux
Passent par les conduits d'usine
Qui insufflent comme narghilés
Dans les poumons d'acier
Des villes fumantes
Le nouvel opium du peuple

À l'encre électrique

LA ROSE AUX CHEVEUX BLEUS

Dans le jardin
Coiffée par le soleil couchant
La fleur aux cheveux d'argent
Voulant retrouver jouvence
Rêve à la rose aux cheveux bleus

Un néon séducteur
Lui a fait miroiter le lustre
Velouté de ses consoeurs
Roses de verre
Vivant en serre

Mais il s'est bien gardé
De lui dévoiler
Que celles-ci le jour perdent
Le bleu capillaire rêvé
De leurs mèches cathodiques

LA LAMPE CHAUVE

L'ayant endormie
Sur les genoux de la nuit
Les heures coiffeuses
Aux doigts de Dalila
Ont tondu la lampe aux cheveux rouges

Ampoule chauve
Ta calvitie électrolytique
Évoque en tragédie moderne
L'icône d'un ancêtre millénaire
Qui jadis a perdu sa force capillaire

LE BUSTIER

Surprise par l'anatomie féminine
De la lumière aux seins roses
Elle s'empressa
De sa main bénédictine
D'en habiller le halo mammaire
D'un abat-jour chasuble
En guise de bustier

SUN-DOG

Extrait d'essence artificielle
Le soleil dynamité
A été embouteillé

De ses doigts photoniques
Le matin électricien
A dévissé comme une 100 watts
L'ampoule solaire

Les marchands d'électrons
Ont capté dans leurs rets de verre
La lumière poisson
Qui s'est creusé un lit
Dans la rivière d'ultraviolets

Jolies filles au teint sun-dog
Qui rêvez rêveuses
En courant les salons de bronzage

À la distance infinie
Des zéniths bleus
Ne cherchez plus les aubes
Bombées d'arc-en-ciel

Mais dormez dormeuses
En songeant
Tombeau de néon
Au soleil momifié
Comme pharaon

MIRAGE

Monté sur la rampe du pont
Un petit lampadaire
Regarde couler la rivière
Et voit dans un étang
Un héron dont la tête
Dépasse la taille des roseaux

Dans sa folie des grandeurs
Il se prend à rêver qu'il brille
Comme le phare d'Alexandrie
Éclairant de ses mille feux
Les grands vaisseaux venus mouiller
Dans la rade du port d'Égypte

Il essaie d'allonger son support
Comme le cou de l'échassier
Bute contre le dur métal
De ses vertèbres cervicales
Et revient à son état normal
De simple lumière pour les passants

À l'encre
sympathique

MONSIEUR NICKEL BUY

Si jamais vous allez à Sun-Dog
Autrefois appelée Ville-Marie
N'y cherchez plus le soleil
Dans la lumière de pierre
Qui grisaille le jour en ampères

Il est à cent lieues à la ronde
De notoriété
Que monsieur Nickel Buy
Est devenu créancier
De toute la cité

Pas de maison
Ni perron
Ni même persienne
Sur lesquels il ne détienne
D'hypothèque

Si jamais vous allez à Sun-Dog
Autrefois appelée Ville-Marie
N'y cherchez plus le soleil
Dans la lumière de pierre
Qui grisaille le jour en ampères

Les échevins aux abois
De la ville sous tutelle
Fébriles et tremblant surtout
Pour leurs soies et dentelles
Se frottèrent les mains d'aise

Quand monsieur Nickel Buy leur a dit
En se faisant péter les bretelles :
Donnez-moi le soleil
Et je vous signerai une mainlevée !
Il croyait le vieil usurier

Que le soleil aussi
Est un immeuble
Le shérif a donc saisi
Le soleil comme un plafonnier
Et l'a vendu aux enchères

Si jamais vous allez à Sun-Dog
Autrefois appelée Ville-Marie
N'y cherchez plus le soleil
Dans la lumière de pierre
Qui grisaille le jour en ampères

Frappez plutôt aux portes des gratte-ciel
Monsieur Nickel Buy les ouvrira
Pour vous montrer
Le soleil en ampoule de verre
Qui éclaire ses locataires

FRUITS ET REVENUS

Le verger centenaire
De pommiers blancs
Dont mon grand-père
Avait de quoi être fier
A été rasé

Transmutation végétale
En grand boulevard
Jalonné de lampadaires
Aux fruits et revenus métallifères
Faisant craquer les greniers bancaires

L'oriole jadis perché
Sur l'arbre canapé
Au pied duquel mon aïeul
Faisait la sieste
Coin Beaver Hall et Viger

Est si vous y regardez bien
Un oiseau de métal à l'œil
Tantôt rouge
Tantôt vert
Jouant les feux de circulation

LA DAME DE PIQUE

Dans la ville
Qu'elle veut blanche
À tout prix
Au prix du rouge
Qui macule le noir
La dame aux larmes de pique
Qui a débarqué au Cap
Piétine les allées du cimetière

Elle dépose des coquelicots
Sur les sépulcres blanchis

Elle a peint toute la ville en blanc
Et rendu tout point noir évanescent

Parfait simulacre
Mais elle a oublié son ombre
Que le tigre rôdant
Autour du bantoustan
A vue projetée
Dans les rues lait de chaux

FIVE-O'RANGE

L'orange enrobée
Dans l'horloge
A sucré les aiguilles
Agitées comme baguettes
Par un coucou waiter
Brassant un jus de fruit

L'horloger était absent
Et ce fut la fiesta
Dans la pendule
Des libations

Perché allègre
Comme sur branche de charmille
Le coucou valsa
À tour d'aiguilles
Tout en chantant les heures

Au five-o'clock
Le coucou s'arrêta exténué
Et but son five-o'range

LE ROI ET LE CLOWN

Un roi candide
Demanda un jour à son clown
De lui peindre la pauvreté

Par souci de réalisme
Notre barde
Prit ses hardes
Et s'amena devant le souverain

Sa Majesté trouva la pauvreté laide
Et fit rouer de coups notre clown

Dompté ce dernier se mit à jongler
Avec les formes de pauvreté
Plus aptes à émouvoir le roi

Puis il s'assura les services
Du plus grand couturier
Qui lui tailla
Un habit de roturier
D'un tel chic
Que le clown
De crainte que Sa Majesté
N'y découvre un leurre
Dut faire des grimaces de douleur
Pour rendre vraisemblable
L'apparence de pauvreté

Le roi trouva la pauvreté belle
Fit déshabiller notre clown
Et ranger le costume
Dans sa garde-robe

SONGE DE CHÉOPS

Devant les notables gantés
Qui pompeusement ont soulevé

Une pelletée de terre
Des champs zonés blancs

D'un doigté pharaonique
Le maire a coupé le ruban

Centre-ville pymamidal
Nouvelle Égypte sépulcrale

Gratte-ciel
À l'effigie de Chéops

Assurant
La sépulture

Des citadins
Tels les rois anciens

Momifiés
Reposez souverains

Condomomifiés
Dormez contemporains

À l'encre
métallique

NEW YORK

New York
Foire schizophrénique
Tes quartiers sont le siège
De monuments pharaoniques

Tes tours orgueilleuses
Se rient des plus hauts peupliers
En dressant leur cou de brontosaure
Pour se gargariser d'arcs-en-ciel

Far West asphalté
Des hélicoptères cosaques
S'occupent à chevaucher
Tes édifices dinosauriens

Et tes montures en béton armé
Pourront peut-être ployer
Sous les tonnes
De tes éperons d'acier

Nul ne saura t'oublier

S'ils tombent tes gratte-ciel
Agrègent assez de poussières
Pour servir de sablier
À l'immortalité

VÉNUS DE MANHATTAN

Notre génération
Technique
Fabrique
Des femmes
Gigantesquement
Belles

Filles de Babel
À l'échine gratte-ciel
Vos yeux coca-cola
Se fondent dans l'iris de Vénus

Les étoiles boucles d'oreilles
Pendant à vos lobes stellaires

Et vos serre-tête
En anneaux de Saturne
Accentuent
Votre beauté
Babylonienne
De statue

VILLE DE VERRE

Grands édifices tubulaires
Se découpant sur le ciel
De Montréal
Jolis mannequins
Taillés au couteau hollywoodien

Nos éphèbes souffleurs de verre
Qui vous ont enfantés
Bombent le torse
En exhibant sur les plazas
Leurs côtes de plexiglas

Pour assurer vos jambes
En albâtre
De Marlene Dietrich
Les actuaires
Ont calculé des années-lumière

Mais elles ne tiennent qu'à un fil

Nabuchodonosor
Jadis l'homme fort
Rêve encore
À votre tête d'or
Sur le fleuve de l'oubli
Où flottent ses pieds de glaise

GERME

Le vigneron des grappes industrielles
A planté des arbres
En échelle Fahrenheit

En guise d'érables
Ont poussé des cheminées
En thermomètre

Et la sève d'hydrogène
Grimpe à la capsule d'acide
D'un Hiroshima de nuages

LES PIERROTS

Une étoile comédienne
Ayant ouï dire
Que tous les hommes
De la terre
Étaient heureux
A voulu monter
Une comédie humaine

Pour traduire
Le bonheur des terriens
Et faire rire ses congénères
Elle a mis un chapeau de clown
Puis imité sa mimique

Le succès de sa pièce,
Me demanderez-vous?

Regardez les tréteaux du ciel
Et sur la joue des pierrots blancs
Vous verrez des pleurs d'étoiles

LE POIDS DE LA LIBERTÉ

Femme éclairant le monde
Descends de ton socle
Avant la tombée de l'aube
Enlève ta tunique de cuivre

Enfile un blue-jean
Le temps d'un repos
Et laisse les débardeurs
Dans la brume du très grand port

Charger du métal que tu arbores
Les cargos mettant le cap
Sur Port-au-Prince Mogadiscio
Bangkok et Sarajevo

Que leurs sirènes crient aux escales
Des quatre coins du monde
Le poids de ton fardeau
Ô belle et grande Liberté

LUEURS DE L'AUBE

Sur le sourcil
De la lune
Dort une rose noire

Elle rêve à sa couleur
Que lui redonnera
Le soleil maquilleur

Blues pour alligators

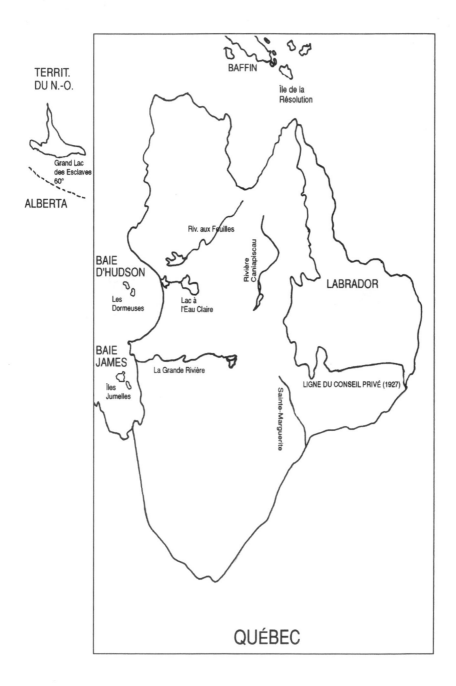

TERRIT.
DU N.-O.

Grand Lac
des Esclaves
60°

ALBERTA

BAFFIN

Île de la
Résolution

Riv. aux Feuilles

BAIE
D'HUDSON

Les
Dormeuses

Lac à
l'Eau Claire

Rivière
Caniapiscau

LABRADOR

BAIE
JAMES

La Grande Rivière

Îles
Jumelles

LIGNE DU CONSEIL PRIVÉ (1927)

Sainte-Marguerite

QUÉBEC

L'or blanc

BABEL AMÉRICAINE

Hautes tours le long du fleuve
Femmes aux mèches de zinc
Enroulées de bigoudis ignifuges
Des serpents à sonnettes électriques
Sifflent sur vos têtes d'anges gardiens
Du cimetière marin

Hautes tours le long du fleuve
Filles de Neptune fossoyeur
Des navires pétroliers enfouis
Sous ses pelletées d'écume
Votre bassin émergeant des berges
Est un pactole d'or blanc

Hautes tours le long du fleuve
Répliques américaines de Babel
Sylphides aux flancs élancés

Vos entrailles porteuses
D'oléoducs durs
Comme écailles de gavial
Sont aussi le fruit
D'une obstétrique
D'argile

CÂBLES REPTILES

Le dresseur de serpents
De la jungle industrielle
A baptisé Les Dormeuses
Ces îles amérindiennes
Assoupies par le venin
Des câbles électriques
À la peau de cobra
En reptation sur les pylônes
De la Baie d'Hudson

Sous le visage impavide
Des barrages en faction
Le ressac des eaux berceuses
Leur semble coups de bélier

Dans les roseaux et le doux cresson
Elles songent à leur désertion
Et rêvent à l'évasion
De leurs sœurs et frères captifs
Du Grand Lac des Esclaves

LES PORTEUSES D'EAU

Filles inséminées
Par les mâles turbogéniteurs
Les lignes de transmission
Sont devenues une pouponnière
D'usines

Les maîtres du territoire
Ont détourné les rivières
Galvanisé et robotisé
Les porteuses d'eau en nourrices
Aux seins hydrauliques

Rôdant autour des réservoirs
Elles allaitent comme la louve
Antique des célèbres jumeaux
Les Remus et les Romulus
Assoiffés d'eau mère

AMAZONES D'ACIER

Armatures au galbe de guerrière
Amazones d'aujourd'hui
À l'implant mammaire d'acier
Dressées en file indienne
Près des rivières harnachées

Levez vos boucliers
Contre les javelots de pluie

Armatures au galbe de guerrière
Amazones d'aujourd'hui
Au carquois rempli de volts

De vos doigts d'amiante
Décochez vos rayons laser

Brûlez le carcinome
Qui gruge notre ozone

BLUES POUR ALLIGATORS

Spécialistes
En césariennes métallurgiques
Nos chevaliers d'industrie
Ont greffé de pipelines
Les rivières ligaturées

Fécondées in vitro
Des naïades
Aux organes génito-aquatiques
Ont accouché
D'une génération amphibie

Monteuses de lignes aériennes
Des nouvelles odalisques
Au buste électrogène
Alimentent les compagnies
Énergivores

Elles plongent en vrille dans
Les vagues vagissant et vagissant
Et leurs jambes de scaphandre
Font des ondes harnachées
Un blues pour alligators

VÉSUVE

Les murs de la base ont sauté
Et dans la rivière de briques
Un ramoneur en plongée
Remplit des pompes à incendie

Des sirènes aux mains de sauna
Dressent des cheminées d'écume
Qu'elles défont et refont
Pour plaire au dieu du feu

Filles de Vulcain revêtues
De leur combinaison isolante

Pour vaincre les eaux brûlantes
Elles parlent du bain d'Archimède

VIGILE

Dans les pommiers d'aluminium
Du verger pétrochimique
Des semeurs aux doigts crochus
Les hiboux aux yeux de plutonium
Percent les nuits de Tchernobyl
Et captent les courants survoltés
De la baie James

On les a apprivoisés puis enfermés
Dans des cages thermiques

Au bord de la rivière
Des oiseaux sentinelles
Hululent et veillent
Sur les ondes de haute fréquence
Aux battements cardiaques
D'une bête que le chasseur traque

ESCLAVES

Dans les grottes du barrage
Des géants de calcaire
Aux stalactites musculaires
Ont enchaîné les bonnes mains
Des nymphes ouvrières de l'eau
Où baignent des alligators
Aux dents plombées de mégawatts

Devant les rivières réduites
À un carton-pâte de gouache
Un Néron spoliateur glisse une mèche
Pyrotechnique dans leurs molaires

Surchauffées les turbines maxillaires
Éclatent pour éclairer New York
Qu'il regarde l'œil fébrile
Comme une nouvelle Rome incendiée

OTAGE

Des pieux titaniques tiennent
La nappe d'eau prisonnière
De chaînes en cuivre conducteur

Les pluies ont rempli
De dépôts acides
Ses viscères argileux

Des vautours du Caucase
Au bec de neptunium
Rongent son foie carbonique
Qui prolifère

Jour de résurrection chimique
D'un dieu Prométhée
Se regénère
Dans la Grande Rivière

BAUME

Le bassin de la Rivière aux Feuilles
Corrodé par la rouille
A été badigeonné
De mercurochrome

Elle ne sert plus de miroir
Aux jolies Iroquoises qui s'y penchaient
Pour accrocher à leurs nattes
Des fleurs et des aigrettes

L'or noir

CHASSE GARDÉE

Au-dessus du nid
Aux œufs d'or noir du golfe

Des aigles chasseurs
Aux yeux de rayons X

Perforent l'épaisseur
De mille et une nuits

Scanneurs mobiles braqués
Sur la ville assiégée

Ils attrapent au vol
De leurs serres d'acier

Le gibier fragile
Comme pigeon d'argile

BERCEUSE POUR UNE RIVIÈRE

Dans les joncs du Grand Nord
Arrondis comme annulaire
La rivière s'ennuie de son lit

Les bulldozers l'ont déménagé

Dans la forêt enfoncée
Sous une ville de pyramides
Des Cléopâtres aux tresses
D'argent conductible
S'en servent de psyché
Pour mirer leur tour de hanches
À haute tension

Dans les joncs du Grand Nord
Arrondis comme annulaire
La rivière s'ennuie de son lit

Les bulldozers l'ont déménagé

Elle n'y coucherait pas ses courants
Mais l'ornerait d'un jonc d'alliance
Que son sommeil passerait au doigt
De la Belle au bois dormant

PEINE PERDUE

Tapi dans sa tanière bleue
Le soleil à crinière de lion
Épie les cheminées
À mâchoires de crocodile
Dévorant la couche d'ozone
Qui emmaillote la ville

À midi
Au plus fort de sa force
L'astre félin bondit
Et cherche en catimini
La carotide des fournaises

Le vent souffle
Et noie dans l'eau
Les canines de feu

Aveuglé par l'anhydride
Des nuages sulfureux le fauve
Lâche la proie pour l'ombre

Dans les reflets d'or
Du fleuve charbonneux
Il mord la poussière de cendres

LA MORT BLANCHE

Sur le bûcher de la ville morte
Où seul bouge le pendule
De l'horloge nucléaire
Dort un grand oiseau irradié

Pour endormir son mal
Le fleuve ébouillanté
Comme un grand brûlé
Compte les moutons de la mer

Ayant fui cet enfer d'eau
Près de la rive un bison
Blessé au talon
Songe à la force d'Achille

Et sur la rivière de cendres
Un faucon réacteur
Aux cris d'uranium
Chante la renaissance de Phénix

REQUIEM POUR DEUX OISEAUX

Pieuvre métallique des océans
Un long cargo a encerclé une île
De faune aquatique et l'a étouffée
Dans ses cales tentaculaires

Entre hélicoptère et mer souillée
Un rescapé risque un coup d'œil
Sur deux inséparables agrippés
À un cordage du bateau rouillé

Il entend leur chant du cygne puis
Dans leur dose létale de pétrole
Leur voix d'oiseaux brisée
Comme les hublots du navire

MÉMOIRE D'UN LAC

Sur la Côte-Nord
La rivière Sainte-Marguerite
Dort comme une petite morte
Sous les puisards de la ville

Pour lui épargner le même sort
Quelques secouristes ont abrité
Le Lac à l'Eau Claire tout près
Dans une caisse de bois sonore

Musiciens improvisés
Rainettes et ouaouarons
Font la noce montagnaise
Dans les cours d'eau de la guitare

Mais dans leur Niagara de mercure
Les cordes poissons
Se brisent et meurent
Aux doigts filets des guitaristes

LES ENFANTS DE GUILLAUME TELL

Sève de la liberté
Protège tes enfants
Contre les baillis de la terre

Coule dans les racines
De la forêt algonquine
Ceinturant les lacs artificiels
Branchés aux pontages cardio-atomiques
Faisant battre le cœur
Des générateurs

Dans les champs magnétiques
Longeant la rivière Caniapiscau
Où se suicident les caribous
Arbres aux doigts d'archer
Faites flèche de tout bois

Guillaume Tell tend la corde du vent
Visez la pomme nucléaire
Placée sur la tête
De ses fils et de ses filles

SUPPLIQUE

Dans le ciel balayé au radar
Colombes speakerines
À la voix de radium
Soyez les Marie Curie du siècle
Et ramenez l'homme à la raison

Volez au-dessus
Des stations orbitales
Gonflez vos poumons de paix
Et larguez vos bombes vocales
Sur ses appels à la guerre

NOÉ

Noé patriarche d'une terre
Libre de chaînes

Le deutérium de tes vignobles
Fendille les raisins d'eau lourde

Leur odeur capiteuse monte
À la tête de tes petits-enfants

Tes fils impuissants
T'invoquent à cor et à cri

Dépêche les archanges
Aux ailes bardées de neutrons

Invincibles Casques bleus
Déviant les noyaux en fission

Dans les sillons semés d'atomes
Leurs flèches de Cupidon

Feront tomber les Goliaths
Aux muscles gonflés d'isotopes

ATTRACTION

Isolé de ses congénères
De l'archipel Arctique
Faisant fi de tous les embâcles
On avait surnommé
Cet îlot Résolution
À l'image de sa trempe

Il eut vent
D'une autre petite île
Qui avait nom Solitude
Et s'ennuyait à mourir
Parmi le lichen et les algues
De la toundra

Il a dû briser toutes les glaces
Pour aller se joindre à elle

Ils sont toujours ensemble
Et c'est dit-on pour cette raison
Que les Pierre Radisson
Les ont appelés Îles Jumelles

À L'ANCRE DES HEURES

Dans l'eau
De l'horloge
Fouille
Un homme-grenouille

Il essaie d'attraper
Les poissons du temps
Aux hameçons
Des heures

LE PRÉSENT

Pour apaiser
Tous tes soupirs
Je te donnerai
La rue Versejoie

Pour combler
Tous tes désirs
Je te donnerai
L'île de la Désirade

Pour conserver
Tous tes secrets
Je te donnerai
Le Lac Caché

TABLE DES MATIÈRES

À l'encre métallique

BLUES POUR ALLIGATORS

L'or blanc

L'or noir